DIALOGOS PARA MATRIMONIOS

2

José Young

Ediciones Crecimmiento Cristiano

© **Ediciones Crecimiento Cristiano**
Córdoba 419 - Tel: 0353-4912450
5903 Villa Nueva, Pcia. Córdoba
Argentina

oficina@edicionesc.com
Catálogo completo: www.edicionescc.com

Ediciones Crecimiento Cristiano es
una Asociación Civil sin fines de lucro
dedicada a la enseñanza del mensaje evangélico
por medio de la literatura.

Primera edición: Enero de 1998
Reimpresión: 2007

Diseño de Tapa: Ana Ruth Santacruz
I.S.B.N. 950-9596-65-5

Impreso en los talleres de Ediciones Crecimiento Cristiano,
IMPRESO EN ARGENTINA
VM4

INTRODUCCIÓN

Este es el segundo cuaderno sobre el tema del matrimonio, además está decir entonces que usted ya ha estudiado el primero. Varias lecciones se basan en el cuaderno anterior.

También tenemos la gran esperanza de que la experiencia de estudiar el primer cuaderno haya cambiado de alguna manera su relación matrimonial. Puede ser que los progresos sean pequeños todavía, pero representan pasos indispensables en el proceso que lleva a su vida matrimonial hacia la madurez.

En este cuaderno vamos a enfrentar algunos de los temas espinosos de la relación matrimonial, como por ejemplo, la "incompatibilidad" y la separación. Recomendamos de nuevo, como lo hicimos en el primer cuaderno, que el grupo busque un pastor o consejero que los pueda acompañar si surgen problemas.

Que el Señor los guíe a un diálogo rico y provechoso a través de estos estudios.

Lista de temas

1 - LA COMUNICACIÓN (2)

Para preparar estos dos cuadernos sobre el matrimonio, juntamos una colección de más de 20 libros y estudios relacionados con el tema. Todos están de acuerdo en esto: el aspecto clave de la relación matrimonial es la comunicación. La falta de comunicación es la causa de la mayoría de los problemas de pareja, y la solución normalmente comienza con establecer buenas normas de comunicación.

Por un lado, siempre estamos comunicando, más allá de lo que decimos. El tono de la voz, la forma de responder o *no* responder, los ojos, la boca, la ironía, todas estas cosas pueden respaldar o contradecir nuestras palabras.

Un ejemplo sencillo. Una esposa pregunta a su esposo "¿Es cierto que me amas?". El, sin apartar los ojos del partido que está mirando en la T.V., responde, "Por supuesto, te amo".

1/ ¿Cómo interpreta usted esta escena?

2/ Haga una lista de por lo menos cinco maneras por las cuales comunicamos lo que sentimos, sin utilizar palabras.

Un análisis de las formas de expresión dio este resultado:

El 7 por ciento de la comunicación viene de las palabras que decimos.

El 38 por ciento del tono de la voz y sus inflexiones.

El 55 por ciento de la expresión de la cara, los gestos, etc.

Es decir, mi lenguaje "silencioso" habla más fuertemente que mis palabras. Y normalmente cuando mis palabras dicen una cosa, y el lenguaje "silencioso" dice otra, la persona con quien hablo no responde a lo que digo, sino a mi lenguaje silencioso.

Otro ejemplo. El esposo regresa a su hogar y pregunta a su esposa: "¿Cómo te fue hoy?" Ella responde "Bien", pero obviamente está muy preocupada por algo. Ella está jugando ese juego muy popular de "Es mejor fingir que todo está bien para no tener que revelar lo que realmente siento." Pero ella sabe que no es cierto, y su esposo también lo sabe. El puede interpretar su actitud de varias maneras, y responder de acuerdo a cómo lo entiende, pero sin saber lo que siente su esposa, es muy probable que su reacción empeore la situación.

Casi todos jugamos a ese juego. En ciertas situaciones, en vez de decir la verdad, decimos "estoy bien" para esconder nuestro desánimo, bronca, etc.

3/ ¿Usted a veces hace lo mismo? ¿En qué situaciones tiende a jugar a "Todo está bien"?

Tal vez el juego es aceptable en ciertas situaciones sociales, pero en el hogar (y decimos que también en la iglesia) hace daño. Regresemos a las dos reglas básicas de una buena relación: *Escuchar* atentamente lo que el otro expresa, y *comunicar* con honestidad lo que somos y sentimos. Veamos las dos.

Escuchar

Escuchar es un arte. Es algo que necesitamos cultivar. Es común observar a un grupo que conversa, donde varios hablan a la vez, y nadie escucha a nadie. El Dr. Paul Tournier lo dijo de esta manera:

"Cada uno habla principalmente para expresar sus propias ideas, para justificarse, para exaltarse a sí mismo y acusar a otros. Muy pocas veces conversamos con un deseo verdadero de comprender al otro... Para realmente comprender, necesitamos escuchar, no responder. Necesitamos escuchar durante todo el tiempo que sea necesario, y con atención. Para ayudar a una persona a abrir su corazón necesitamos darle tiempo, preguntando a veces con mucho cuidado con el propósito de ayudarle a explicar mejor lo que experimenta". (Nota 1)

Se complica el tema cuando nos damos cuenta de que siempre escuchamos con un "filtro" presente. No podemos tomar por sentado que la respuesta de la otra persona siempre esté de acuerdo con la comunicación. Una persona responde en base a lo que escucha, pero a menudo lo que se escucha no es igual a lo que se dice. Una manera de diagramar el proceso es ésta:

| El mensaje | El filtro | Lo que escuchamos |

Abcde — Las distracciones del momento / Nuestros prejuicios / La actitud (aparente) del otro / Nuestra interpretación del mensaje — abCde

En un sentido, oímos lo que queremos oir. Como dijo Swihart en el libro que recomendamos en el primer cuaderno ("Maneras de decir te quiero"), hay diferentes "lenguajes" del amor y es muy probable que un miembro de la pareja no escuche el lenguaje del otro.

Sugerimos cuatro pautas acerca de cómo escuchar.

Primero, no juzgue demasiado rápidamente lo que su cónyuge dice. Es posible que lo que él o ella intenta decir, no es lo que usted entiende. Aun puede ser que diga una mentira, o algo muy egocéntrico, pero una reacción demasiado pronta de su parte puede cortar toda posibilidad de comunicación. Cuando llega el momento para juzgar, lo deben hacer juntos en colaboración, no en competición.

Segundo, trate de ser sensible a sus propios sentimientos. ¿Algo que su cónyuge dice le da bronca? ¿Por qué? ¿Por qué le cuesta controlarse en esa situación? Si entiende su propio estado emocional y reacciones, será más fácil escuchar.

Tercero, una manera de asegurarse que entiende lo que su cónyuge dice es repetirle lo mismo. "¿Dijiste que siempre te sientes de tal manera cuando yo...?"

Cuarto, otra manera es preguntar, tratando de entender el pensamiento y los sentimientos de su cónyuge. Una pregunta demuestra interés, y ese interés ayuda a la otra persona a abrirse.

4/ ¿Se da cuenta de situaciones en las que usted tiende a reaccionar en vez de escuchar? ¿Cuáles? ¿Sabe *por qué* le cuesta escuchar?

Abrirse

Muchas veces el problema en la comunicación es que una de las dos personas no está en contacto con sí mismo. Cuando usted se siente contento, o deprimido, o enojado, ¿sabe por qué? ¿Ha podido examinarse para ver cuáles son los factores que controlan su estado de ánimo? ¿Sabe lo que le gusta, o no le gusta? Hay personas que por muchas razones han suprimido o ignorado sus propios estados emocionales y ya no pueden abrirse y expresar lo que son a otros.

Por supuesto, el abrirse es peligroso. Si intentamos explicar lo que somos y sentimos a nuestro cónyuge, sin defendernos, quedamos vulnerables. Puede ser que éste no responda de la misma manera, sino que nos ataque, o se burle de nosotros. Si usted está estudiando este cuaderno con su cónyuge, entonces hay menos peligro porque los dos parten de la misma base.

Pero habrá casos en las que uno de los dos directamente no se abre, donde no hay comunicación a nivel íntimo. Frente a esta situación no hay respuestas fáciles. A veces un pastor o un consejero capacitado puede ayudar, pero solamente en la medida en que los *dos* miembros de la pareja busquen ayuda. En las lecciones siguientes, y especialmente en la 4, pensaremos en situaciones en las que uno de los dos miembros de la pareja impone barreras en la relación y aparentemente, no hay soluciones.

Las Escrituras hablan mucho sobre el tema de la comunicación. Santiago, por ejemplo, plantea algunos de los problemas creados por el mal uso de la lengua. El capítulo 4 de Efesios, por otro lado, nos da varias pautas positivas y prácticas.

5/ En base a Efesios 4:15, 25, 26, 27, 29 y 31, indique un mínimo de tres principios que podemos aplicar a la comunicación en el hogar.

    1/

    2/

Seguimos repitiendo que la persona clave para lograr un cambio en su hogar es usted. No vale la pena invertir sus esfuerzos en cambiar a su cónyuge... no dará resultado. Pero si es usted quien quiere cambiar, hay posibilidades que ese cambio tenga un efecto positivo en su cónyuge.

Ahora, en el área de la comunicación, tenemos por lo menos tres maneras efectivas de cortarla cuando nos sentimos amenazados. La *primera* es la reacción agresiva. Nuestro cónyuge sugiere que tenemos alguna falta, o que hemos errado, y el resultado es una explosión. Puede ser que tenga razón o no, pero la reacción explosiva dice que *algo* está mal en nosotros. Por alguna razón nos defendemos, en vez de intentar comprender el problema y resolverlo.

La *segunda* defensa que las esposas a menudo emplean son las lágrimas. El esposo pronto aprende que si toca ciertos temas en su comunicación, su esposa comienza a llorar, y de ahí en adelante se corta todo.

En realidad, la mujer tiende a ser más expresiva que el hombre, y él no debe despreciar las lágrimas como debilidad... al contrario, la mujer que no llora difícilmente expresa cariño y amor.

La *tercera* defensa es el silencio. Tal vez parezca más "espiritual" que el enojo, pero es igualmente dañino. En vez de buscar maneras de comprendernos, de resolver tensiones, nos escapamos en una completa incomunicación.

6/ Piense primero en usted mismo.

a/ ¿Cuál es su manera normal de reaccionar cuando hay tensiones o conflictos en el hogar? ¿Es una de éstas, u otra?

b/ ¿Su manera de reaccionar favorece la comunicación, o no? ¿Por qué?

7/ En cuanto a su cónyuge:

a/ ¿Cuál es su manera normal de reaccionar?

b/ ¿Esa reacción es positiva o negativa para la comunicación?

8/ Piense en por lo menos dos maneras prácticas de mejorar la comunicación íntima con su cónyuge.

Terminamos con unas sugerencias:

Escoger bien el momento apropiado para conversar sobre un problema. Normalmente *no* conviene en una hora avanzada y cuando los dos están cansados. Debe ser un momento en el que no haya otras distracciones, y puedan ver el problema con tranquilidad. **Decir** la verdad con amor (Efesios 4:15). Sin agresividad, sin acusaciones ocultas, sin amargura. Esté seguro de que la verdad que desea comunicar está bien equilibrada con el amor. **Dejar** tiempo para una reacción. Probablemente usted ha pensado mucho sobre el problema y qué iba a decir. Pero también es posible que haya tomado a su cónyuge por sorpresa, y necesita tiempo para poner sus pensamientos en orden y poder responder correctamente. Puede ser que su cónyuge responda con una "explosión", pero en vez de defenderse, déle tiempo para reflexionar. A lo mejor el/ella nunca admita que usted tenga razón, pero también existe la posibilidad de que cambie. **Encomendar** el problema a Dios. Una vez que haya comunicado la situación a su cónyuge, no hay nada más que pueda hacer. De ahí en adelante hay que confiar en que Dios va a ayudar a su cónyuge a cambiar o a usted a soportar la situación.

(Nota 1 - Paul Tournier, "To Understand One Another", John Knox Press, p. 40.)

2 - EDIFICÁNDONOS

Partimos de un principio que es esencial para todo hijo de Dios: somos responsables los unos por los otros. O para ser más preciso: soy responsable por el bienestar y crecimiento de *todos* los miembros de mi familia de la fe. Pasajes como Efesios 4:16 y 1 Corintios 12:12-26 lo confirman claramente. Pero si es así, aun más responsabilidad tenemos hacia nuestro cónyuge. Nuestra tarea no es "corregir", ni "cambiar", sino edificar.

El proceso, necesariamente, comienza con la comprensión. Note estas diferentes versiones de la primera parte de 1 Pedro 3:7:

Ser comprensivos...

Vivir sabiamente...

Mostrar consideración...

1/ ¿Cómo entiende usted el concepto expresado en 1 Pedro 3:7?

Por supuesto, esa actitud tiene que ser mutua. Los esposos deben vivir comprendiendo a sus esposas, pero las esposas tienen bastantes razones para hacer lo mismo con sus esposos.

2/ Busque Romanos 15:1-3. Indique por lo menos tres principios que debemos aplicar en la relación matrimonial.

a/

b/

c/

Es cierto que muchos casados simplemente no se conocen. Es posible vivir muchos años con una persona sin conocerla más que superficialmente. Pero si vamos a edificar a nuestro cónyuge, necesitamos primero comprender sus necesidades. ¡No las necesidades que *nosotros* sentimos, sino las que *el/ella* siente!
Como por ejemplo:

- Ella, necesita tiempo a solas, sin los chicos, por lo menos una vez por semana.

- El, que su esposa no descargue todos los problemas del día encima de su cabeza cuando entra por la puerta al regresar de su trabajo.

- Ella, que su esposo demuestre cariño no solamente cuando está pensando en el sexo.

- El, sentirse apreciado aunque no pueda tener la casa en las condiciones que su esposa estaba acostumbrada.

- Etc. Etc.

3/ Trate de identificar algunas de las necesidades (no fallas) principales de su cónyuge:

Sugerimos dos actitudes mínimas con las cuales podemos respaldar y ayudar a nuestro cónyuge a crecer como persona.

Estimular

Es asombroso saber de algunas personas, que en público son amistosos y se llevan bien con todos, pero en su hogar constantemente critican y rebajan a sus familiares. Es como si fueran dos personas distintas.

Una de las primeras cosas que descubrimos después de casarnos es que ¡nuestro cónyuge tiene fallas! Y un segundo descubrimiento más adelante, es que nunca vamos a corregir esas fallas... aun si pasamos toda una vida intentándolo. Por ejemplo, una persona callada se casa con otra que es charlatana. Es casi seguro que van a seguir así —callada y charlatana— toda la vida. Y criticar al otro por esa diferencia no solamente es inútil, sino que es sumamente destructivo.

Los consejeros matrimoniales están de acuerdo de que en un matrimonio sano, ambos cónyuges se alientan. Uno, por ejemplo, dice que debemos intentar decirle algo positivo a nuestro cónyuge todos los días. Por ejemplo:

Me gustó la manera que manejaste ese lío con los chicos ayer.
Luces bien. Tienes buen criterio para vestirte.
No sabes cuánto aprecio tener un esposo dispuesto a reparar las cosas rotas en la casa.
Me hizo bien lo que dijiste de mí en la cena de los Pérez anoche.

Realmente, los expertos dicen que si deseamos cambiar a una persona, entonces la manera de hacerlo es afirmar lo positivo de ella, y no criticar lo negativo.

4/ ¿Puede pensar en tres maneras de estimular y alentar a su cónyuge?

a/

b/

c/

Cooperar

¿Cómo es el matrimonio? ¿Como dos amigos que juegan un partido de tenis? No, porque uno pierde y eso es fatal en el matrimonio. Sería mejor como un partido de "dobles", donde los dos juegan en equipo, apoyándose, ayudándose. Note Marcos 10:8,9. Los casados estamos unidos por Dios, y no debemos permitir que *nada* entre para crear una división. Cada vez que alguna cosa, o alguna persona amenacen la unidad, no importa lo *buenos* que parezcan, son contrarios a lo "mejor" que propone Dios.

5/ ¿Cómo evalúa su matrimonio? ¿Los dos son muy unidos, competitivos, independientes, indiferentes el uno al otro...?

6/ Busque Eclesiastés 4:9-12. ¿Cómo se aplica este pasaje a la vida matrimonial?

Cooperar es buscar maneras de hacer actividades en conjunto, es no criticar a su cónyuge frente a otras personas, es salir en su defensa en una discusión y no al ataque.

7/ ¿Puede pensar en algunas maneras prácticas de cooperar con su cónyuge, y no competir?

Un consejero matrimonial hizo la siguiente lista con nueve maneras en que podemos edificar a nuestro cónyuge:

1. Haga la decisión irrevocable de *nunca criticar* a su cónyuge en palabra, pensamiento o hecho. Tal vez suena como algo imposible, pero no lo es. Es primeramente una decisión, apoyada por la acción, hasta que llegue a ser una costumbre permanente.

2. Estudie a su cónyuge. Trate de ser sensible a las áreas donde su cónyuge siente una necesidad y piense en maneras de edificarlo/a en esas áreas específicas.

3. Piense todos los días en las cualidades positivas y acciones que admira y aprecia de su cónyuge.

4. Constantemente exprese apreciación por su cónyuge. Sea genuino, específico, "generoso". Edificamos con la palabra dicha.

5. Reconozca los talentos, capacidades y logros de su cónyuge. Exprese verbalmente su respeto por el trabajo que él o ella hace.

6. Esposo, demuestre pública y privadamente que su esposa es de mucho valor para usted Y nunca exprese su admiración por

otra mujer. Eso sería poco edificante para su esposa. ¡Mantenga su atención enfocada en ella!

7. Esposa, demuestre a su esposo que él es la persona más importante en su vida... siempre. Busque sus opiniones y valore su juicio.

8. Respondan el uno al otro físicamente y con la expresión de su cara. La cara es la parte más distintiva y expresiva de una persona. Su cónyuge desea verle sonreir, con una expresión positiva hacia el o ella.

9. Siempre demuestren alta cortesía el uno hacia el otro. En su propio hogar, ¡los dos deben ser "Personas Muy Importantes"! (Nota 1)

8/ Seleccione una de esas nueve pautas, amplíela e indique cómo la puede implementar en su matrimonio.

Por lo tanto, busquemos todo lo que conduce a la paz; con ello podremos ayudarnos unos a otros a crecer espiritualmente. (Romanos 14:19)

Nota 1: ("Love Life", Dr. Ed Wheat, Zondervan USA, p. 190.)

3 - LA INCOMPATIBILIDAD

Muchos matrimonios se quiebran sobre la roca de la incompatibilidad. Dos personas, al casarse, se encuentran con diferencias importantes que no saben manejar. Sus peleas desangran la poca vida que queda de su amor... y éste muere. Y se separan.

Pero el problema no es la "incompatibilidad", sino la incapacidad de manejarla. Porque *todos* somos incompatibles. Puede haber un matrimonio en cien donde no existen diferencias importantes entre los cónyuges (¿o será uno en mil?). Carlos Joaquín Durán, en su librito "Conflictos y diálogos en familia" (Paulinas, p. 80) nos da ejemplos muy realistas de esas diferencias.

- Mengano odia el pescado frito y su olor; Mengana comería todos los días pescado frito.

- A Zultana le enseñaron a tomar los cubiertos de esta manera, pero a Zultano lo dejaron que comiera como le fue saliendo.

- Fulano usa el teléfono para lo imprescindible; Fulana en cambio se prende del aparato y habla durante quince, veinte minutos.

- Perengana goza sábados y domingos quedándose en la cama remoloneando; en cambio Perengano no aguanta ver todo revuelto a las once del día.

- Mengano no soporta ver en ruleros a Mengana.

- Zultana no acepta ciertas costumbres de Zultano; para ella suenan a falta de tacto, e incluso de higiene.

- Etcétera, etcétera, etcétera.

Son cosas "pequeñas", pero se suman. Y son justamente esta

clase de cosas pequeñas que encienden disputas.

1/ ¿Qué ejemplos puede dar de su propio matrimonio?

Es que todos nos casamos con una lista de "reglas no escritas" de cómo debe ser el matrimonio. Normalmente son las costumbres que aprendimos en la casa de nuestros padres, y son "sagradas". Por ejemplo, el padre de Susana siempre ayudaba a cuidar a los niños. Le gustaba la tarea. Pero el padre de Juan siempre se mantuvo alejado de las tareas domésticas. Juan y Susana se casaron. Todo anduvo bien, hasta que nació el primer hijo.

2/ ¿Ha podido identificar algunas de esas "reglas no escritas" que usted o su cónyuge trajeron a su relación matrimonial? Dé ejemplos.

La realidad es que *siempre* existirán las diferencias, *siempre* seremos "incompatibles". En el primer cuaderno vimos maneras de cómo enfrentar conflictos (estudio 7), pero aun en el mejor de los casos, no van a desaparecer.

Alguien, muy sabiamente, dijo que "el secreto del matrimonio no se encuentra en encontrar a la persona ideal, sino en *ser* la persona ideal". Las soluciones para la felicidad no vendrán de su cónyuge; usted las tiene.

Hay dos posibilidades que nos enfrentan. La primera es pasar la vida lamentando nuestra situación, criticando a nuestro cónyuge por todas sus fallas, y luchando para que el o ella sea la persona que *nosotros* pensamos que debe ser.

La otra es aceptar que nuestro cónyuge "es como es", que probablemente va a ser así toda la vida, pero que esa no es razón para amargar la vida de los dos. Yo también tengo cosas que mi cónyuge quisiera cambiar. Somos dos seres humanos imperfectos en un mundo imperfecto.

Aquí nos conviene notar el caso especial de un creyente casado con un no creyente. ¡Esa sí es incompatibilidad! Pero en este caso tenemos instrucciones muy claras en las Escrituras. Busque 1 Pedro 3:1-6.

3/ En términos generales,

   a/ ¿cómo debe actuar una esposa en tal situación?

   b/ ¿Por qué?

4/ Trate de escribir un párrafo parecido a 1 Pedro 3:1-6, pero para el *esposo* casado con esposa no creyente (hay tales).

5/ ¿Qué principio ve usted aquí que se aplica también a todo caso de incompabilidad en el matrimonio?

Como siempre ocurre, si la pareja está realmente dispuesta a resolver un conflicto, podrán encontrar un término medio (cuaderno 1, lección 7). Los dos se adaptan, buscan en lo posible una solución donde ambos ceden algo, pero también ambos ganan. Veamos una situación típica. Cuando Juan y Susana se casaron, Juan tenía un trabajo adecuado. Aun cuando apareció el primer hijo, tenían lo suficiente. Pero Juan decidió que era tiempo de conseguir una vivienda propia, porque estaban pagando demasiado en aquiler. Pero para eso, Susana debería trabajar también. El tema es que Susana creía profundamente que una madre tiene que estar en casa, cuidando a su hogar y a sus hijos. Las "reglas no escritas" de los dos no estaban de acuerdo.

6/ ¿Cómo resolvería usted el conflicto que estalló?

Otro ejemplo común. Paola está obligada a pasar casi todo el día en su hogar con los hijos, o teniendo salidas breves para hacer compras. Siempre le gustó salir, y quiere salir de noche con Manolo, su esposo. Pero Manolo tiene un trabajo exigente, y no hay nada que le guste más que llegar a casa para relajarse, estar con su esposa y jugar con los chicos. Él no tiene ningún interés en salir.

7/ ¿Cómo resolvería usted las discusiones que siempre resultan de esta situación?

Hay otro aspecto de este tema que tocamos con mucho cuidado. Es que esta "incompatibilidad" es para nuestro bien. Romanos 8:28 no promete que todo siempre va a salir bien para el cristiano, sino que todo puede *resultar* para su bien. Y al transitar este camino de Dios, nos damos cuenta de que *necesitamos* tensiones, problemas, obstáculos para crecer. El que no ha sufrido, no entiende la vida todavía.

Citamos en forma de paráfrasis a un autor inglés, C.S. Lewis, cuando en su libro "The Four Loves" comenta la posición del esposo de Efesios 5:25-33.

El esposo es cabeza de la esposa, y su relación con ella debe reflejar la relación que Cristo tiene con su iglesia. Debe amarla como Cristo amó a la iglesia, y dio su vida por ella. Ser "cabeza", entonces, no se hace realidad en el esposo que todos preferíamos ser, sino en aquel cuyo matrimonio es más como una crucifixión. Se hace realidad cuando su esposa siempre recibe pero nunca da, cuando no es digna de él, cuando por su propia naturaleza es poco amable. Igual la belleza de la iglesia no es propia, sino es de Cristo; él no la encontró bella, sino la hizo bella.

La realidad de esa "coronación" terrible no se ve en los gozos del matrimonio, sino en sus tristezas. Se ve la realidad de ser "cabeza" cuando se enfrenta la enfermedad y el sufrimiento de una buena esposa, o las fallas de una mala. Se ve en el cuidado de un esposo que no descansa o en su perdón sin límites; perdón, no aguante. Así Cristo ve la iglesia fallada, orgullosa, fanática o tibia que existe en la tierra, pero la ve como esa novia sin mancha que será, y trabaja para crearla. De la misma manera el esposo cuyo modelo de ser cabeza es Cristo (y no se permite otro modelo) nunca desespera.

Es un pasaje difícil, pero encierra un principio que todos tenemos que aprender.

8/ Explique el principio en sus propias palabras.

Terminamos, como resumen, con esta definición del amor:

El amor es un compromiso incondicional con una persona imperfecta.

4 - LA SEPARACIÓN

Este tema es muy amplio, y genera mucha controversia. Por esta razón, vamos a dejar un análisis profundo para otro cuaderno. Pero queremos dibujar las líneas principales del tema, no tanto para usted (que a esta altura debe estar fuera de peligro), sino para que tenga elementos para ayudar a parejas con dificultades.

Una cosa es muy clara: Dios aborrece al que se divorcia de su esposa para juntarse con otra (Malaquías 2:16). El propósito del matrimonio es que "los dos lleguen a ser como una sola persona" (Génesis 2:24). No es una relación "útil", ni un contrato legal; el matrimonio tiene una dimensión profunda y espiritual que proviene de Dios mismo.

Pero... somos gente imperfecta en un mundo imperfecto. Y como bien sabemos, aun los cristianos podemos llegar a situaciones límites en el matrimonio.

Veamos primero a 1 Corintios 7:10,11. El contexto (y los comentaristas) indica que está hablando del matrimonio cristiano.

1/ Pablo dice que

   a/ los dos pueden:

   pero no deben:

   b/ ¿Por qué Pablo hace esta diferencia?

Si los dos miembros de un matrimonio son creyentes, entonces tienen —en teoría, por lo menos— los recursos necesarios para resolver sus problemas. Pero aun los creyentes pueden caer y crear en el matrimonio esa situación "límite". La causa más común de esa situación es el adulterio.

2/ Busque Mateo 19:3-9.

a/ ¿Por qué los casados no *deben* separarse?

b/ ¿Por qué *pueden* separarse?

Según la naturaleza misma de la relación matrimonial, el adulterio forzosamente crea una separación. Interrumpe, distorsiona, hiere una intimidad creada por Dios.

3/ Por ejemplo, según Deuteronomio 22:22, qué debe pasar con el adúltero, según la ley de Moisés?

El problema es que al casarse, "los dos son como una sola persona". Pero noten 1 Corintios 6:15 y 16. La situación que describe es igual a la del adulterio.

4/ ¿Qué ocurre, entonces, en la relación matrimonial a causa del adulterio?

En el matrimonio cristiano, entonces, puede haber casos extremos donde los dos se separan, pero siempre dejando la puerta abierta para una reconciliación. Los únicos dos casos que los comentaristas reconocen donde puede haber una rotura permanente es cuando uno de los dos muera (Romanos 7:2), o en el caso del adulterio (como vimos anteriormente). Hay muchas opiniones diversas sobre la posibilidad del casamiento después del divorcio. Según la ley de Moisés, era posible (Deuteronomio 24:1-4). Algunos comentaristas piensan que 1 Corintios 7:15 también lo sugiere. Pero no vamos a entrar en este tema aquí.

Cuando un creyente está casado con un no creyente, la situación se complica. Existen innumerables casos de esposos, y aun más esposas, que se han convertido, pero su cónyuge no.

Un pasaje que trata este tema es 1 Corintios 7:12-16. Pablo dice que el creyente no debe buscar la separación, y da sus razones en el v. 14. Busque el versículo en otras versiones.

5/ ¿Por qué, entonces, el creyente debe quedarse con su esposo/a?

6/ Note también 1 Pedro 3:1,2. ¿Cómo apoyan estos versículos al argumento de 1 Corintios 7:14?

7/ Pero note las preguntas de 1 Corintios 7:16: ¿Qué respuesta espera Pablo?

Lo que no queda claro en este pasaje es la conclusión del v. 15. Algunos piensan que Pablo dice que el creyente queda libre para separarse. Pero otros piensan que queda libre de la relación, y en este caso, puede casarse de nuevo. El pasaje mismo no lo aclara. El tema del recasamiento es muy discutido, y no conviene intentar aclararlo ahora. De todos modos, como dijimos en el comienzo, a esta altura del partido usted debe estar fuera de peligro.

8/ Pero,

   a/ ¿pensó alguna vez en divorciarse?

a/ Si lo pensó, ¿por qué no lo hizo?

Gracias a Dios por ayudarnos a comprender sus propósitos en el matrimonio, y darnos los recursos que necesitamos para cumplirlos.

5 - EL SEXO

El tema del sexo es sumamente difícil de manejar por dos razones. *Primero*, por la importancia exagerada que nuestra cultura le da. No es el factor central en la vida ni tampoco lo es en el matrimonio. Los medios de comunicación lo explotan vergonzosamente.

Segundo, la educación sexual que la mayoría recibe viene de la calle o de la pantalla, y como consecuencia, es pura distorsión. Solamente por estas dos razones el tema merece un libro, no una lección.

Pero encontramos otra distorsión —igualmente dañina— dentro del mundo cristiano. Y ésta es que el sexo de alguna manera es "sucio", que no es compatible con la vida espiritual. Pero esa es una herejía medieval que destruye una parte fundamental de la relacion matrimonial. La intimidad del sexo es necesaria, es terapéutica... ¡es divertida!

1/ Esta primera pregunta es para la reflexión personal, y es para compartir con el grupo solamente si hay consenso en hacerlo.

a/ ¿Siente que trajo trabas a su relación sexual, la concepción sobre el sexo inculcada por su familia o su iglesia? ¿Hay alguna otra cosa que lo hizo?

b/ Muchas veces hay aspectos de la vida (cristiana) que entendemos, pero bien adentro, no los podemos aceptar. Hay esposos que saben que deben gozarse de la relación sexual, pero se sienten trabados, emocionalmente frenados. ¿Este ha sido su problema?

c/ ¿Qué espera de la relación sexual de su matrimonio?

El matrimonio es una relación multi-dimensional, y el sexo es una de las dimensiones más dependientes. Es decir, si los otros aspectos de la relación andan bien, el sexo satisface; cuando los otros aspectos andan mal, el sexo no satisface.

La gente dice que el sexo es "hacer el amor", pero eso no es cierto. El sexo es una *expresión* del verdadero amor. Es resultado, no causa. Los matrimonios no fallan por problemas sexuales; el sexo falla por problemas matrimoniales.

Por ejemplo, un consejero enumera varias motivaciones "ilícitas" para el sexo:

1 - El sexo "es permitido" como una obligación matrimonial
2 - El sexo se usa para manipular, como por ejemplo, pedir un favor.
3 - Es un sustituto de la comunicación verbal.

4 - Es un "cebo" que las esposas utilizan para conseguir atención y cariño de parte de sus esposos.

5 - Es una manera en la que los esposos afirman su masculinidad.

A esta altura, seguramente nos damos cuenta de que el sexo impulsado por tales motivos no puede satisfacer. Pablo destaca un principio clave de la relación matrimonial en 1 Corintios 7.

2/ Según los vv. 3-5,

a/ Exprese el *principio* de este pasaje con sus propias palabras.

b/ Busque otro pasaje que afirma el mismo principio, aunque no necesariamente relacionado con el sexo.

3/ ¿Será posible "desanimar" sexualmente a su cónyuge sin decirle "no" directamente? Explique.

Nuestra responsabilidad mutua demanda que entendamos a nuestro cónyuge en esta área de la vida también. A veces los problemas del sexo matrimonial son simplemente resultado de la ignorancia.

Por ejemplo, los consejeros destacan la diferencia esencial que existe entre la manera en que el hombre y la mujer se sienten estimulados sexualmente.

Primero, el hombre se estimula mayormente por lo que *ve*. Al observar una mujer vestida seductivamente o una foto de una mujer desnuda, se excita. A él le gusta *ver* el cuerpo de su esposa.

Pero aunque la mujer puede tener interés en un hombre físicamente atractivo, se estimula más por el *tacto* y las *emociones*. Son las caricias las que estimulan su interés sexual.

También el estímulo en el hombre no es *particular*. Una mujer semi-vestida lo estimula, sea su esposa o no.

Pero para la mujer la atracción es particular. Se siente atraída más por la personalidad, por el romanticismo. Le atrae más *su* hombre.

4/ En su propia relación matrimonial:

a/ ¿Ha sentido esta diferencia?

b/ ¿Ha intentado adaptarse a esa característica de su cónyuge?

Otra diferencia importante. Un consejero matrimonial dijo que el sexo para el hombre es como encender una pila de hojas secas: hay un fuego intenso, momentáneo, que se apaga pronto. Pero para la mujer es más como encender carbones: es un proceso lento, que también se apaga lentamente.

Esa realidad sugiere dos aplicaciones prácticas. Primero, que el sexo no "comienza" en la cama, sino mucho antes. Para la mujer, especialmente, depende de que haya sentido el cariño y las caricias de su esposo en los momentos en que están juntos durante el día.

Y segundo, aun cuando estén en la cama, no hay apuro. Muchos dicen que hay que aprender a "jugar" al sexo. Divertirse. El hombre ya está listo casi desde el primer momento, pero la mujer necesita tiempo. Tomar tiempo para simplemente mostrar afecto y cariño hace bien a *ambos*. Muchas veces la esposa se siente insatisfecha simplemente por el apuro del momento.

5/ ¿Han podido adaptarse a este ritmo distinto entre mujer y hombre?

Si la respuesta de la pregunta anterior es "no", entonces esta próxima pauta cobra aun más importancia: la comunicación es esencial en el sexo también.

Muchas parejas directamente sienten vergüenza. Tal vez pueden hablar del tema con amigos, pero no con su cónyuge. Pero si somos responsables el uno por el otro, ¿cómo vamos a buscar el bien del otro si ni sabemos lo que siente? Hay muchas preguntas que debemos hacer. Por ejemplo:

¿Hay algo que hace uno que inhibe al otro?
¿Están de acuerdo en cuanto al número de veces que tienen sexo en una semana/mes?
¿Su cónyuge prefiere más una posición que otra?

¿Qué le *gusta* a su cónyuge en el acto sexual?

En el principio Adán y Eva no tenían vergüenza de su desnudez frente al otro (Génesis 2:25). Y la pareja cristiana necesita luchar para también tener esa transparencia. Solamente así podrá tener unidad en esa área de su relación.

6/ ¿Pueden hablar abiertamente de su relación sexual en la pareja? ¿Lo hacen?

Terminamos con un pasaje que destaca otro tema que no *debe* ser necesario a esta altura de su relación, sin embargo prevenir es sabio.

7/ Busque Proverbios 5:15-21.

a/ En este pasaje, ¿cuál es el peligro, y cuál la solución?

b/ ¿Cómo se debe aplicar la advertencia de 1 Corintios 10:12 a este caso?

Repetimos: este es un tema que merece un trato *mucho* más largo. Que el Señor les ayude a conversar, conocer y gozar de este don que Dios nos ha dado.

6 - EL DINERO

Tocamos esta vez un tema que los consejeros reconocen como otra de las causas principales de conflictos en el matrimonio. El principio bíblico es claro:

> No amen el dinero; conténtense con lo que tienen, porque Dios ha dicho: "Nunca te dejaré ni te abandonaré." (Hebreos 13:5)

Pero los medios de comunicación nos presionan. Nos tratan de convencer que *nunca* tendremos lo suficiente y en la práctica, es cierto. Los sociólogos reconocen que los gastos de una familia suben a la par de sus ingresos. Si no tenemos suficiente hoy con un sueldo de 500, y mañana nos aumentan a 750, ¡pasado mañana tampoco tendremos lo suficiente!

Busque Mateo 6:19-21. Supongamos que Jesús hubiera dicho en el v. 21:

> "Pues donde esté su corazón, allí estará también su riqueza."

1/ ¿De qué manera esto cambia el sentido del pasaje?

Vivimos en una sociedad materialista. Lo que una persona tiene, normalmente es mucho más importante de lo que es.

2/ ¿Qué le parece? ¿Cuáles son las características principales de una familia:

Materialista   Del reino de Dios

Uno de los peligros de la sociedad materialista es la deuda. Es cada vez más fácil comprar... y luego cada vez más difícil pagar. Veamos un ejemplo. Supongamos que desea comprar un lavarropa. Este cuesta $500 al contado. Pero se lo puede comprar en cinco cuotas mensuales de $120. Por supuesto, las cinco cuotas suman más de $500.

2/ Si ese es el caso,

a/ ¿Cuánto pagaría en total por un lavarropa, comprándolo en cinco cuotas?

b/ Pero si decide ahorrar el dinero hasta llegar al monto, ¿qué diferencia queda al favor de ustedes?

Como administradores de los bienes que Dios nos ha dado, tenemos que ser prudentes en cómo los gastamos. Sugerimos cuatro pautas en el área de dinero.

Primero, los esposos tienen que conversar este tema también. Es muy probable que tengan prioridades diferentes, y si no se aclaran, serán un foco de disensión.

3/ ¿Se han puesto de acuerdo acerca de cómo van a dividir los gastos?

4/ En su economía familiar,

a/ Se siente usted cómodo con la manera en que gastan el dinero?

b/ ¿Qué cambios piensa que deben hacer?

Segundo, si es cierto que Dios nos ha llamado a "ser una sola persona", entonces no conviene que haya "dos economías familiares". Si los dos tienen ingresos, entonces todo debe ir a un fondo común donde juntos, deciden cómo utilizarlo. Las "dos economías" formenta la independencia, mientras que el matrimonio sano necesita la inter-dependencia.

Tercero, la mayoría de los matrimonios no saben dónde va su dinero. Solamente saben que siempre falta. Pero si es así, entonces urgentemente necesitamos planificar.

5/ ¿Saben cuáles son sus gastos? ¿Pueden decir qué porcentaje va para comida, para impuestos, para ropa, etc.?

Recomendamos un ejercicio que les puede ayudar. Durante tres meses, anoten en un cuaderno *todos* los gastos de la familia, sin excluir nada. Luego, sumen las diferentes categorías para ver cuánto se gasta mensualmente en cada una. De esta manera tendrán una idea de su verdadera situación... y bien pueden encontrar sorpresas.

Luego, conviene hacer un presupuesto. Para hacerlo, se ponen de acuerdo en cómo dividir sus ingresos, según los gastos (comida, alquiler, etc.) y si sobra algo, los dos deben decidir cómo invertirlo. No es una tarea fácil, pero trae orden a la economía familiar, y ayuda a descubrir y tapar los "derroches". Es sorprendente cuánto dinero puede perderse en gastos inútiles.

6/ Mirando hacia el futuro,

a/ ¿Están ahorrando dinero para el futuro? ¿Lo han pensado seriamente?

b/ Si tuvieran un aumento de 50% en el sueldo, ¿qué harían con la diferencia?

Cuarto, eviten endeudarse. Las consecuencias son demasiadas evidentes.

Llegamos a un último tema que es el dar. Un sabio alguna vez dio la siguiente receta para la economía familiar:

Dar el diez por ciento
Ahorrar el diez por ciento
¡Gastar lo que sobra con gratitud y alabanza!

Es que la Biblia habla mucho del dar. Busque, por ejemplo, a Hechos 20:35, 2 Corintios 8:1-15 y 2 Corintios 9:6-15.

7/ Según estos pasajes,

    a/ ¿por qué motivo debemos dar?

    b/ ¿cómo debemos dar?

Ahora, lo que no dicen estos pasajes es *cuánto* debemos dar. Algunos dicen que debe ser el 10% (el diezmo), pero el Nuevo Testamento en ninguna parte lo afirma. Otros dicen que debe ser *por lo menos* el 10%, como punto de partida. Casi los únicos ejemplos que tenemos del "cuánto" son Marcos 12:44 y 2 Corintios 8:2.

8/ ¿Cuál ha sido su experiencia?

a/ ¿Su iglesia exige el diezmo, o no?

b/ Según su propio criterio, ¿cuánto debemos dar?

c/ ¿Los dos están de acuerdo con el "cuánto"?

Dios nos ha llamado a ser mayordomos de todo lo que nos ha dado. Para el bien de nuestro matrimonio, pongamos nuestra economía en orden también.

7 - EL CAMINO ESTRECHO

Terminamos esta serie de temas con un duro planteo. Viene de un libro en Inglés (The Marriage Builder, L. Crabb, Zondervan) escrito por un sicólogo que tiene mucha experiencia en consejería matrimonial.

Al escuchar su argumento, la reacción de la mayoría de nosotros sería "Esto que dice es muy difícil de aceptar; ¿quién puede hacerle caso?" (Jn 6:60). Pero su apelación es a las raíces bíblicas de nuestra vida como cristianos, y es difícil refutar su argumento.

Vamos a tratar de bosquejar algunos de los puntos principales como base para el diálogo.

Dos conceptos

Comencemos por el principio. ¿Por qué nos casamos? Pues... porque nos queremos.

Él piensa que su novia es una chica linda, que lo hace sentir bien. Tiene muchas ganas de estar con ella en la cama, pero también piensa que ella puede ser para él una buena esposa. Siente que es la persona que necesita.

Ella piensa que su novio es un tipo pintón, y especialmente le brinda toda clase de atenciones. Piensa que es él quien le dará un hogar algún día. Se siente realizada con él.

Pero note: los dos miden el valor de la relación *por lo que quieren, necesitan y piensan recibir*. Es normal, y pasa con todos.

En esto no hay nada raro... hasta que nos enfrentamos con el concepto bíblico del matrimonio cristiano.

Ya vimos que el esposo debe relacionarse con su esposa como Cristo con la iglesia. Este concepto implica darse por ella, a pesar de sus imperfecciones, con el fin de edificarla hasta que sea madura y bella.

Ella, por otro lado, debe relacionarse con su esposo mostrando respeto y sumisión, aun cuando él no lo merece (1 Pedro 3). Ella debe mostrar la belleza del evangelio por su manera de servirle a él.

El contraste es obvio. Por un lado, nos casamos por lo que

nos ofrece la relación; por el otro lado, el propósito del matrimonio es dar.

El primer paso hacia un matrimonio feliz es reconocer y aceptar como propia esa "nueva" definición del matrimonio.

1/ ¿Ha observado estos dos conceptos del matrimonio en la experiencia?

2/ ¿Cuáles eran sus conceptos sobre el matrimonio cuando se casaron?

Necesidades

Todos, por ser creados a la imagen de Dios, sentimos necesidades profundas. Necesitamos sentir que somos aceptados, que tenemos valor, que nuestra vida tiene propósito, que *alguien*, por lo menos, nos ama sinceramente. El autor las reduce a dos necesidades básicas:

Seguridad: saber que soy amado, sin condiciones, totalmente, sin la necesidad de cambiar para merecerlo. Un amor que es "gratis", que no necesito ganar, y como consecuencia, no lo puedo perder.

Valoración: Saber que lo que hago tiene verdadera importancia, que los resultados no desaparecen con el tiempo, sino que duran hasta la eternidad. Esencialmente es saber que tengo un impacto significativo en por lo menos una persona.

En el matrimonio buscamos encontrar en el otro una solución a nuestras necesidades. El autor imagina a una pareja, haciendo sus votos de casamiento, pero inconscientemente pensando de esta manera:

Él: Necesito sentirme importante, y espero que soluciones esa necesidad sometiéndote a todos mis deseos, buenos o malos. Que me respetes, no importa cómo actúo, y que me apoyes en cualquier cosa que escoja hacer. Quiero que me trates como al hombre más importante del mundo. Mi meta al casarme contigo es encontrar mi valoración en tí. Ese mandato donde Dios te manda someterte a mí me parece muy atractivo.

Ella: Nunca he sentido el amor que mi naturaleza anhela. Espero que soluciones esa necesidad en mí con cariño aun cuando esté de mal humor. Que me trates con consideración aun cuando no sea sensible a tus necesidades. Que tengas una comprensión romántica de mis subibajas emocionales. ¡Que no me falles!

Esta es la relación garrapata-perro. Cada uno se aferra al otro esperando conseguir lo que necesita. ¡El problema es que hay dos garrapatas en esta relación y ningún perro!

La realidad es que siempre, de alguna manera, el otro nos falla.

3/ El autor comenta que en la mayoría de los casos, buscamos encontrar las respuestas a nuestras necesidades en el matrimonio, o sea, tenemos una relación "garrapata-perro". ¿Será cierto su planteo, o es una exageración? Explique.

Lo que falta

Sabemos, por lo menos en teoría, la solución. Profesamos que Cristo satisface nuestras verdaderas necesidades, que Él nos da el amor, la aceptación, el valor que anhelamos. Esto todos lo sabemos, pero no lo creemos. No lo creemos porque seguimos esperando que nuestro cónyuge satisfaga nuestras necesidades.

¡No puedo más! Él siempre me desprecia, nunca toma en serio lo que digo, siempre me trata como si fuera su sirviente...

Sí, pero si mi verdadero valor como ser humano viene de lo que soy en Cristo, entonces el rechazo de otra persona —aun mi cónyuge— no debe alterarme.

¿Ve ahora el problema? Ni las circunstancias ni la gente que nos rodea deben perturbar nuestra paz y seguridad interior, porque éstas vienen de Dios. La pobreza de nuestra relación matrimonial es preocupante, pero no es ella lo que nos destruye, sino nuestra pobreza como cristianos.

4/ En esencia, el autor dice que la raíz de los problemas en el matrimonio es nuestra pobreza como cristianos. ¿Está de acuerdo? ¿Por qué?

Manipulaciones

Una consecuencia de lo anterior es que tratamos de manipular a nuestro cónyuge para conseguir nuestros deseos. Sentimos la necesidad de cariño, o de comprensión, o de respeto de parte del otro, y cuando no lo recibimos, reaccionamos.

Cuando hablamos de algo importante, peleamos.
Cuando trato de decirle cómo me siento, no muestra interés y a

veces me critica.
Es que él puede hablar de cualquier cosa menos de nosotros.
Nunca podemos hablar de nuestra relación.
Ella es demasiado emocional. Siempre llora o grita. Simplemente
la evito.

¿Por qué? Porque busco recibir. Quiero mis derechos, mi parte. Estoy dispuesto a ceder un poco... pero solamente si el/ella cede primero.

Si vamos a "recibir" algo de la relación matrimonial, hay solamente una manera de hacerlo:

Primero, olvidar toda esperanza de recibir de mi cónyuge. Mi valor como persona, mi satisfacción personal, no deben depender de ninguna persona. Si he aprendido a confiar en lo que ya tengo en Cristo, estoy libre.

Segundo, comprometerme como hijo de Dios y esposo(a) a cumplir con mi cónyuge. Mi responsabilidad de ministrar a mi cónyuge es clara. Puede ser que Dios me utilice para llenar algunas de *sus* necesidades.

Tal vez así, él o ella pueda ser el cónyuge que deseo. No hay garantía. De todos modos, necesito buscar maneras prácticas para cambiar *mi* conducta, no la de mi cónyuge. A la vez necesito orar mucho por la obra de Dios en él/ella.

5/ En un sentido, éste es el planteo central del libro: no esperar recibir *nada* de la relación matrimonial y dedicarse a dar. Si fuera posible lograr esto, ¿cambiaría de alguna manera *su* matrimonio?

Tres componentes esenciales

El Dr. Crabb concluye su libro con tres realidades que forman el fundamento de un matrimonio sano. En un sentido, son nuestra única esperanza.

1 - La gracia de Dios. Citamos un párrafo del libro que estamos comentando:

"Pero recuerde que el Señor no ha prometido arreglar su matrimonio. La esperanza del cristiano no es que cambie su cónyuge, o que se mejore su salud o su situacion económica. Dios no promete cambiar nuestro mundo a la luz de nuestros deseos. Lo que sí promete es permitir solamente los hechos que cumplen sus propósitos en nuestras vidas. Nuestra responsabilidad es responder a las circunstancias de la vida de una manera que agrade al Señor, y no cambiar a nuestros cónyuges a la imagen que queremos. Y si respondemos bíblicamente, no tenemos ninguna garantía que nuestros cónyuges harán lo mismo. Aun si piden el divorcio, o siguen tomando, o nos critican aún más, todavía tenemos razón para perseverar en la obediencia." (p. 106)

Tenemos acceso a un Dios cercano a nosotros, constante. Tenemos la abundante gracia, el favor de nuestro Dios (2 Corintios 12:9). "No hay situación tan desesperada donde la gracia de Dios no sea suficiente."

6/ Este planteo suena fatalista. "Pierdan la esperanza, todos ustedes los casados, porque no hay soluciones" ¿Es así el planteo, es decir, fatalista, o es otra cosa?

2 - Compromiso: "Si nuestra confianza en Dios es suficiente para mantener la esperanza aun cuando la desesperación parece más adecuada, entonces estamos acercándonos a nuestro compromiso de hacer lo que Dios dice. En base a esa esperanza, podemos seguir trabajando para mejorar nuestro matrimonio aun cuando nos sentimos tentados a renunciar." (p. 111)

Se puede resumir esta pauta en tres conceptos básicos:

1. La base para asumir un compromiso con la obediencia es la confianza en la bondad de Dios. Si estoy convencido de que Dios busca lo mejor para mí, entonces puedo lanzarme a la obediencia aún cuando no hay ninguna indicación de que ofrezca resultados.

2. Si confío en la bondad de Dios, entonces mi obediencia no será una "obligación pesada", sino una manera de cumplir lo que es mejor para mí mismo.

Muchas personas desoyen el evangelio porque éste les implica tener que dejar ciertas cosas ("placeres") atrás. Una excusa para no obedecer a Dios en el matrimonio es que "tendría que dejar *mi* felicidad a un lado para que él/ella sea feliz". Las dos representan la misma actitud: incapacidad de comprender que no hay nada mejor en la vida (y para la vida) que cumplir con los propósitos de Dios.

3. La falta de gozo cuando intento ser buen esposo o esposa no es culpa de mi cónyuge, sino de mi incapacidad de confiar en la bondad de Dios. ¡El gozo no es fruto de las actitudes de mi cónyuge, sino que es fruto del Espíritu!

7/ Esta pauta es una consecuencia lógica de la anterior. En esencia, dice que la base de la relación matrimonial no es el amor, sino la obediencia. ¿Está de acuerdo? ¿Por qué?

3 - *Aceptación*. Es decir, aceptar a mi cónyuge, tal como es (Ro 15:7). Tengo que aceptar, aun cuando no me guste. El aceptar y el gustar son dos cosas muy diferentes.

La madre Teresa de Calcutta, el misionero que trabaja con leprosos, el pastor que ministra a drogadictos, todos han aprendido a aceptar.

Pero vamos al grano. Puedo aceptar, aunque no me guste. Siempre habrá situaciones en el matrimonio que no me gustan. No puedo controlar esa reacción normal mía. Por ejemplo, si una mujer tiene un marido alcohólico, *nunca* le va a gustar. Hará todo lo posible para solucionar el problema, pero es muy posible que nunca tenga solución. En ese caso, la tensión es constante. Pero sí lo puede aceptar a él. El gustar, o no, no depende de mí; la aceptación de la persona es mi responsabilidad.

"La aceptación verdadera requiere la disposición de ser vulnerable, de dar de sí mismo aunque pueda resultar en un rechazo doloroso de parte de su cónyuge. Para lograr esa aceptación, necesitamos contínuamente perdonar a nuestro cónyuge cuando nos daña. Y la esencia del perdón requiere que consideremos lo peor que puede hacer nuestro cónyuge como algo sin relación a nuestras necesidades reales. Con esa verdad arraigada en nuestra mente, podemos servir libremente a nuestros cónyuges sin temor, ni sintiéndonos obligados, aun cuando nos hayan ofendido. Esa es la esencia de aceptar a su cónyuge." (p. 142)

8/ **Explique en sus propias palabras qué es "aceptar" a su cónyuge.**

Conclusión

Aunque el argumento del autor es extenso, su planteo realmente es simple. No *fácil*, sino comprensible.

9/ Trate de resumir lo principal de lo que él expresa con sus propias palabras.

Sí, el planteo del libro "es muy difícil de aceptar ¿quién puede hacerle caso?" (Juan 6:60). Pero tenemos que darle la razón. Si nos parece imposible, el problema no es ni el planteo, ni nuestro matrimonio, sino nuestra débil fe cristiana.

8 - LA PALABRA FINAL

En el primer estudio de Diálogos para matrimonios 1 (VM3), hicimos una evaluación de su vida de matrimonio. Seguramente le costó mucho hacerlo en aquel entonces. Pero ahora, después de pasar muchas semanas de pensar y charlar sobre el tema, Uds. han cambiado. Ese mismo diálogo opera un cambio. Convendría, entonces, hacer la misma evaluación de nuevo. La reproducimos a continuación.

Evaluación

En la página siguiente hay diez categorías. En cada una debe asignar un número en la escala de cero a diez que representa el estado actual de su relación. Diez, por supuesto, sería lo ideal, lo máximo que se puede lograr en esa categoría. Diez implica que han logrado todo el progreso posible, que han aprendido todo lo que se puede, que han trabajado al máximo según sus capacidades para mejorar esa área de su vida en pareja. Recuerde: lo que se quiere evaluar es su vida de pareja, no sólo su participación individual en ella.

Sumando los números para cada categoría, en el caso ideal, daría un resultado de 100 puntos. Probablemente usted logrará menos de esa cantidad.

Por supuesto, no es fácil hacer la evaluación objetivamente. No nos conocemos a nosotros mismos, y todos tenemos áreas de nuestras vidas donde nos engañamos. Uno de los propósitos de estos estudios ha sido ayudarnos a examinarnos con honestidad, y conociéndonos mejor a nosotros mismos, aplicar las correcciones necesarias para que seamos más sanos.

Nota: Esta evaluación es para usted y su cónyuge, No es para discutir en el grupo.

1 ____ Se han fijado valores y metas para su vida de pareja que servirán para hacer futuras decisiones. Están de acuerdo con esas metas y valores. Hablan de ellos.

2 ____ Los dos se han comprometido para seguir creciendo. Buscan maneras de mejorar su relación, de crecer juntos.

3 ____ Se comunican, no solamente a nivel superficial, sino en lo más íntimo. No hay barreras entre los dos, son completamente "transparentes" y honestos el uno con el otro. Se dicen las cosas, y no las dejan guardadas en su interior.

4 ____ Cuando hay conflictos, desacuerdos, han aprendido a utilizarlos para mejorar su relación. Son constructivos, no destructivos.

5 ____ Muestran cariño, aprecio el uno para con el otro. Se sienten amados por el otro.

6 ____ Están de acuerdo en cuanto al papel de cada uno en el hogar, en la división de los quehaceres, el cuidado de los hijos, etc.

7 ____ Saben trabajar juntos, cooperan en la vida de hogar y también en actividades fuera del hogar. Son verdaderos compañeros.

8 ____ Ambos están satisfechos con su vida sexual.

9 ____ Están de acuerdo en el uso del dinero, en quién maneja las cuentas, en las ofrendas, etc.

10a ____ Tienen criterios comunes sobre la crianza de sus hijos. Comparten la responsabilidad en la crianza de sus hijos.

10b ____ Han logrado un acuerdo en la manera de tomar decisiones. Ninguno de los dos se siente manipulado por el otro.

____ Total

Nota: Para el número diez hay dos posibilidades. Si tiene hijos, entonces debe responder a 10a; si no los tienen, entonces les corresponde 10b.

¿Cuáles son las diferencias más notables entre la evaluación que hizo en el primer cuaderno, y ésta?

Recomendamos que el grupo termine esta sesión charlando sobre dos temas.

1 - ¿Qué ha sido de valor en todo este proceso (estudiar los dos cuadernos)? ¿Cuáles son las lecciones principales que han aprendido?

2 - ¿Cómo pueden utilizar su experiencia en ayudar a otros matrimonios, especialmente matrimonios jóvenes?

Que el Señor siga cumpliendo sus propósitos en su vida.

Cómo utilizar este cuaderno

E stos cuadernos son *guías de estudio*, es decir, su propósito es guiarle a usted para que haga su propio estudio del tema o libro de la Biblia que desarrolla este material. El cuaderno propone un diálogo. En él introducimos el tema, sugerimos cómo proceder con la investigación, comentamos, pero también preguntamos. Los espacios después de las preguntas son para que usted anote su respuesta a ellas. Esperamos que, por medio del diálogo, le ayudemos a forjar su propia comprensión del tema. No de segunda mano, como cuando se escucha un sermón, sino como fruto de su propia lectura y investigación.

¿Cómo hacer el estudio?

1 - Antes de comenzar, ore. Pida ayuda a Dios que le hable y le dé comprensión durante su estudio.
2 - Se deben leer los pasajes bíblicos más de una vez y preguntarse: ¿Qué dice el autor? Aunque muchos utilizan la versión Reina-Valera de la Biblia, conviene tener otra versión o versiones disponibles para comparar los pasajes entre las dos. La "Versión popular" y la "Nueva versión internacional" le pueden ayudar a ver el pasaje con más claridad.
3 - Siga con la lectura de la lección. Responda lo mejor que pueda a las preguntas.
4 - Evite la tendencia de "apurarse para terminar". Es mejor avanzar lentamente, pensando, preguntando, aclarando.

En grupo

El estudio personal es de mucho valor pero se multiplican los beneficios si lo acompaña con el estudio en grupo. Un grupo de hasta 8 personas es lo ideal. Pero, puede ser que por diferentes motivos el grupo esté formado por usted y una persona más, aun así, es mejor que estudiar solo.

En realidad, estos cuadernos han sido diseñados con ese motivo: estimular el estudio en células, en grupos pequeños.

La manera de hacerlo es fácil:

1 - **Usted hace en forma personal una de las lecciones del cuaderno**. Aun cuando pueda haber cosas que no entienda bien, haga el mayor esfuerzo posible para completar la lección.

2 - **Luego se reune con su grupo**. En el grupo comparten entre todos las respuestas de cada pregunta. Puede ser que no tengan las mismas respuestas, pero comparando entre todos las van aclarando y corrigiendo. Es durante este compartir semanal de una hora y media, este diálogo entre todos, donde se encuentra la verdadera riqueza y que nos provée esta forma de estudio.

3 - **Evite salirse del tema**. El tiempo es oro, y lo más importante es enfocar todo el esfuerzo del grupo en el tema de la lección. Luego, pueden dedicar tiempo para conocerse más y tener un rato social.

4 - **Participe**. Todos deben participar. La riqueza del trabajo en grupo es justamente eso.

5 - **Escuche**. Hay una tendencia de apurar nuestras propias opiniones sin permitir que el otro termine. Vamos a aprender de cada uno, aun de los que, según nuestra opinión, están equivocados.

6 - **No domine la discusión**. Puede ser que usted tenga todas las respuestas correctas, sin embargo es importante dar lugar a todos, y estimular a los tímidos a participar. No se trata de sobresalir, sino de compartir aprendiendo juntos.

Si en el grupo no hay una persona con experiencia en coordinarlo, se puede encontrar ayuda para dirigir un grupo en:

1 - Nuestra página web, www.edicionescc.com. La sección "Capacitación" ofrece una explicación breve del método de estudio.

2 - En las últimas páginas de nuestro catálogo se ofrece también una orientación.

3 - El cuaderno titulado "Células y otros grupos pequeños" es un curso de capacitación para los que desean aprender

cómo coordinar un grupo.

4 - Hay algunas guías que disponen de un cuaderno de sugerencias para el coordinador del grupo.

Finalmente diremos que las guias no contienen respuestas a las preguntas ya que el cuaderno es exactamente eso, una guia, una ayuda para estimular su propio pensamiento, no un comentario ni un sermón. Le marcamos el camino, pero usted lo tiene que seguir.

Que el Señor lo acompañe en esta tarea y si necesita ayuda, comuníquese con nosotros. Estamos para servirle.

Se terminó de imprimir en los
Talleres Gráficos de
Ediciones CC
Córdoba 419 - Villa Nueva, Pcia de Córdoba
Mayo de 2007
IMPRESO EN ARGENTINA

www.ingramcontent.com/pod-product-compliance
Lightning Source LLC
Chambersburg PA
CBHW060615030426
42337CB00018B/3064